DE WIK-POTEL.

PETITES

BLUETTES

DRAMATIQUES

A L'USAGE DES

MAISONS D'ÉDUCATION DE JEUNES DEMOISELLES.

PREMIÈRE SÉRIE

Prix : 1 fr. 50 c.

PARIS

Librairie classique de Mme Ve MAIRE-NYON, quai Conti, 43

LYON

Chez l'Auteur DE WIK-POTEL, près l'église de Monplaisir
Propriétaire du *Château de la Reine des Prés.*

1866

DE WIK-POTEL.

PETITES

BLUETTES

DRAMATIQUES

A L'USAGE DES

MAISONS D'ÉDUCATION DE JEUNES DEMOISELLES.

PREMIÈRE SÉRIE

PARIS

Librairie classique de Mme Ve MAIRE-NYON, quai Conti, 13

LYON

Chez l'Auteur DE WIK-POTEL, près l'église de Monplaisir
Propriétaire du *Château de la Reine des Prés*.

1866

Lyon. — Impr. de V⁰ LÉPAGNEZ, petite rue de Cuire, 10.

LA PLUME ET L'ÉPÉE

CAQUETAGE D'ÉCOLIÈRES EN UN ACTE

Par De WIK-POTEL

Personnages.

MAXIME, 17 ans.	RUSTIQUE, 17 ans.
NOÉMI, 16 ans.	SABINE, 16 ans.
ALIX, 15 ans.	THÉODULA, 15 ans.
MARIE, 14 ans.	VALENTINE, 14 ans.
OBÉLINE, 13 ans.	YOLAINE, 13 ans.
PÉLAGIE, 12 ans.	ZÉLIA, 12 ans.

La scène se passe dans le jardin d'un pensionnat.

Au lever du rideau, Marie et Alix entrent par le fond à droite du spectateur, en ayant l'air de continuer une conversation.

SCÈNE Iʳᵉ.

MARIE, ALIX.

MARIE. Et moi aussi, ma chère, je renonce au concours d'improvisation. A quoi sert de se marteler la tête?... surtout quand on ne peut pas prétendre à remporter le prix...

ALIX. D'ailleurs, le sujet est trop terre - à - terre... L'inspiration me manque. Quel langage prêter à une *plume* et à une *épée?*... Comment donner vie et sentiment à ces deux rebelles qui ne me disent rien?

MARIE. J'aime mieux caqueter avec toi, comme l'autre jour!... Parlons de notre bonne amitié!... A nous deux redisons cette poésie si tendre et si touchante de made-

moiselle *Adèle Esquiros*..... Tu sais, cette poésie qui fait
allusion à notre

AMITIÉ SINCÈRE.

MARIE.

Allons, ma chère Alix, allons près des ruisseaux
Emietter en causant notre pain aux oiseaux.

ALIX.

Je veux bien. Près de toi, j'aime la solitude ;
Laissons dans le dortoir rêver dame Gertrude.
Fuyons ; voici, là-bas, les ailes du moulin,

*(Elle indique à travers les arbres de la coulisse, et tout en
causant, fait quelques pas pour sortir).*

La petite chapelle et le grand champ de lin :
On ne nous suivra pas, et sous le vieux mélèze
Nous pourrons, cœur à cœur, parler tout à notre aise.

(Avec surprise, en s'apercevant que Marie ne la suit pas).

Eh bien ! que fais-tu donc ?

MARIE

(Semble cueillir au pied d'un arbre des fleurs qu'elle ramasse).

Je te cueille des fleurs.

(Revenant près d'Alix).

De ce petit bouquet admire les couleurs.
Une rose, un bluet....., surtout une pensée !

ALIX.

Oh ! la mienne est à toi ! J'en suis tout insensée,
Mon cœur en perd la tête.

MARIE.

Avril, oh le beau mois !
Le soleil est si chaud, plongeons-nous dans les bois,
Comme deux tourtereaux ou deux biches peureuses.
S'aimer c'est le bonheur ; nous sommes bien heureuses.

ALIX.

Tout ce que tu dis là, je l'avais dans le cœur.

MARIE.

Alix, oh ! ne prends pas ton petit air moqueur.
Je trouve tes cheveux d'un blond à faire envie :
Je t'ai donné mon âme et consacré ma vie.

ALIX.

Craignons dans ce sentier la corne du bouquin.

MARIE.

Que ton pied est petit dans ton vert brodequin !
Qu'une autre soit si belle ! et j'en serai jalouse.
Mais tout ce que je crains, c'est que l'on ne t'épouse.

ALIX.

Qui. moi? Ne sais-tu pas que je reste au couvent?

MARIE.

Sur l'avenir, ma chère, on se trompe souvent.
Au ciel, ma chère Alix, ton étoile est la mienne ;
En secret consultée, une bohémienne
Me l'a dit l'autre jour au détour du chemin.
Les lignes de ta main répondent à ma main.

ALIX.

Oui, nous n'avons qu'une âme, un cœur, une existence.
Quand Gertrude, hier soir, te mit en pénitence,
Je ne soupai non plus que du pain et de l'eau
Morne, je m'en allai jouer sous le bouleau.
Es-tu triste, je pleure ; si tu ris, moi j'éclate ;
Quand parfois tu rougis, je deviens écarlate ;
Quand tu parles, je trouve, en mon discours flatté,
De l'esprit, que sans toi je n'eus pas inventé ;
Je me suis tellement confondue en ton être,
Que souvent je ne sais comment me reconnaître.
Si mes larmes pouvaient embellir ces amours,
Faites, Seigneur mon Dieu, que je pleure toujours !
Dans la coupe du monde, où l'on boit goutte à goutte,
Coupe d'illusions, de tristesse et de doute,
Versez-moi l'amertume et versez-lui le miel ;
Qu'elle soit préférée ici-bas comme au ciel !

SCÈNE II.

LES PRÉCÉDENTES, **OBÉLINE, PÉLAGIE, RUSTIQUE,
SABINE, THÉODULA.**

OBÉLINE, *qui a paru dans le fond du théâtre, et qui a
écouté, à partir de ce vers :*

Faites, Seigneur mon Dieu, que je pleure toujours ! etc.

OBÉLINE. Mesdemoiselles!... Mesdemoiselles!... Venez donc entendre roucouler l'*Amitié sincère* poétisée par mademoiselle Adèle Esquiros.....

PÉLAGIE. Encore nos deux tourterelles qui se promettent amitié pour la vie...

RUSTIQUE. C'est tout aussi insipide, et tout aussi impossible que l'improvisation de *la Plume et l'Epée!*...

SABINE. Fasse pérorer *la Plume et l'Epée* qui voudra!... je me suis esquivée sans être vue.....

THÉODULA. J'en ai fait tout autant... Je laisse aux grandes *faiseuses* le plaisir de phraser de beaux sentiments..... J'aime beaucoup mieux jaboter.

OBÉLINE. Avez-vous vu la robe neuve de mademoiselle Charlotte, notre nouvelle sous-maîtresse?

PÉLAGIE. Un vrai rossignol!...

RUSTIQUE. Porter une étoffe qui date de l'année dernière; c'est dire: « Je n'ai pas moyen! »

SABINE. La façon est arriérée à faire pouffer de rire!...

THÉODULA. La robe manque d'ampleur!... Puis, elle est trop courte!...

OBÉLINE. On dirait que l'on a plaint l'étoffe.

MARIE. Mademoiselle, il est défendu de parler toilette... C'est bien vilain de critiquer la mise de mademoiselle Charlotte.

OBÉLINE. Voyez-vous mademoiselle *j'Ordonne*, qui interpose son autorité...

PÉLAGIE. De quoi je me mêle?... Notre conversation ne vous regarde pas.

SABINE. Si cela continue, on ne saura plus de quoi parler. On nous interdit les observations de mœurs, en disant: « Cela est médisant! » On nous défend la critique des modes, en disant: « Cela est mondain! » Décidément on ne peut plus ouvrir la bouche sans commettre un gros péché.

ALIX. C'est pour nous accoutumer à retenir notre langue.

MARIE. En tout cas, si l'on établissait un concours de silence, je ne pense pas que ce soit Obéline qui remportât le prix.

THÉODULA. Le trait est perçant et porte coup.

OBÉLINE. Mieux vaut être babillarde que bavarde comme Marie.

PÉLAGIE. C'est le javelot qui riposte à la flèche...

MARIE. En quoi donc la babillarde diffère-t-elle de la bavarde?

OBÉLINE. La babillarde dit des riens sans conséquence.

PÉLAGIE. La bavarde parle sans pudeur et sans égard.

RUSTIQUE. La babillarde parle sans intention.

SABINE. La bavarde parle par orgueil et pour imposer son opinion.

THÉODULA. La babillarde dit tout ce qu'elle sait.

OBÉLINE. La bavarde dit tout ce qu'elle sait et ce qu'elle ne sait pas.

PÉLAGIE. La babillarde est incommode par ses indiscrétions.

RUSTIQUE. La bavarde est fâcheuse par ses médisances.

SABINE. Le babil est sottise, et le bavardage est méchanceté.

THÉODULA. C'est juste!... Le babil est étourdissant, et le bavardage est assommant.

ALIX. Taisez-vous donc, Mesdemoiselles, si l'on vous entendait ainsi caqueter, les méchantes gens diraient : « Langue de fillettes est un dévidoir de paroles. »

OBÉLINE. Voudrais-tu nous réduire au silence des disciples de Pythagore qui restaient cinq années sans parler?... Je m'en réfère à l'abbé de Bellegarde qui dit : « Le silence est un effet de stupidité et une marque de pesanteur. »

PÉLAGIE. Il y a même un moraliste qui a dit : « Le silence est la sauvegarde de l'ignorance. »

OBÉLINE. Rigoureusement parlant, on peut tirer cette conclusion : Point d'esprit sans malice... Or, la malice engendre le babil... Donc, le babil est une surabondance d'esprit.

SABINE. Avis aux demoiselles!... La plus babillarde est la plus spirituelle; et, d'après la *Comtesse de Beauharnais*, il paraît que tel est

L'ESPRIT DES FILLETTES.

Tous nos goûts sont inconséquents ;
Un rien change nos caractères ;
Un rien commande à nos penchants,
Nous prenons pour des feux ardents
Les bluettes les plus légères.
La nouveauté, son fol attrait,
Nous enflamme jusqu'au délire ;
Un rien suffit pour nous séduire,
Et l'enfance est notre portrait.
Qui nous amuse nous maitrise :
Nous fait-on rire, on a tout fait ;
Et nous n'aimons que par surprise.
Car, nous n'avons qu'un seul jargon,
Bien frivole, bien incommode.
Si la raison était de mode,
Vrai !.. nous aurions de la raison.

OBÉLINE. Parler de tout est un droit qu'en naissant apporte la femme...

PÉLAGIE. Les femmes ont la parole..., c'est pour s'en servir.

THÉODULA. Telle est l'opinion de la *Vicomtesse Constance de Salm-Dyck*, qui revendique notre droit à la parole dans ces beaux vers

SUR LES FEMMES POLITIQUES.

Vous nous blâmez de parler politique ;
En vérité, messieurs, vous avez tort ;
Et laissant là tout esprit de critique,
Je veux tenter de nous mettre d'accord.

Le bien public nuit et jour vous agite;
Vous régentez, vous réglez l'univers...
Ce qui pour vous est un si grand mérite
Peut-il pour nous être un si grand travers?

Quand avec nous votre esprit se déploie,
Ne pouvons-nous prendre aussi votre ton?
Sommes-nous donc des enfants qu'on renvoie
Quand par hasard on veut parler raison?

Il serait beau pour un homme qu'enflamme
De son pays la gloire, l'intérêt,
De voir sourire ou d'étonner sa femme
Aux mots de loi, de guerre, de budget!

Peut-elle entendre avec indifférence
Ce que partout chacun sait discuter?
Ne faut-il pas qu'elle ôte à sa dépense
Ce qu'à l'impôt elle voit ajouter?

Quand vingt journaux instructifs et commodes
Soir et matin chez elle arriveront,
Ne sera-t-il que le journal des modes
Qu'elle ait le droit de consulter à fond?

Sur ce qu'on fait, sur ce que l'on propose,
Passez-nous donc quelques mots superflus,
Ou désormais parlez-nous d'autre chose
Si vous voulez que nous n'en parlions plus.

MARIE. Prenez garde, Mesdemoiselles, que votre caquetage ne tombe sous la censure sévère des hommes. A ce propos, je vais vous dire une épigramme lancée par le bon *La Fontaine* contre

UNE BABILLARDE.

Dans le fond de ce monument
Une dame est ensevelie,
Qui tant qu'elle eût un jour de vie,
Ne put se taire un seul moment :
Elle parlait à toute outrance,
Sa langue allait comme un torrent
Et son *babil* était plus grand
Que n'est à présent son silence.

> Imprudence, *babil*, et sotte vanité
> Et vaine curiosité
> Ont ensemble étroit parentage :
> Ce sont enfants tous d'un lignage.

RUSTIQUE. Ne me parlez jamais de La Fontaine ; je le déteste !... Il faut avoir l'esprit biscornu pour écouter ces bêtes... de moralistes

SCÈNE III.

LES PRÉCÉDENTES, VALENTINE, YOLAINE.

Elles entrent gaîment en sautillant. Elles se placent au milieu des élèves. On les écoute avec curiosité.

VALENTINE, *avec gentillesse et entrain*
> J'ai trouvé. j'ai trouvé !...

YOLAINE.
> Dis quoi ?

VALENTINE.
> C'est un mystère.

YOLAINE.
> Un beau ?

VALENTINE.
> J'allais le dire... et j'hésite à présent...
> O Dieu, si l'on savait se taire
> Qu'un secret serait amusant !
> Je me tairai.

YOLAINE.
> Bien sûr ?

VALENTINE.
> Oui, bien sûr !

YOLAINE.
> Sois gentille ;
> Ne me fais pas languir ou je vais m'en aller.

VALENTINE.
> Reste ; et puis, tiens... tant pis, je sens que je suis fille.
> Et que je brûle de parler ;
> Tu sais qu'Anna la sérieuse

Dit qu'elle n'a pas de secret?
Eh bien ! moi je suis curieuse,
Et je n'en ai pas de regret :
Le grand secret d'Anna, je le sais !

YOLAINE.

Tu veux rire ?

VALENTINE.

Je te dis, je le sais ! Donc, je venais d'écrire
Ma leçon, longue ! longue ! enfin, il le fallait ;
Pour courir au jardin, l'école s'écoulait ;
Mademoiselle Anna, qui ne voyait personne,
Et qui n'entend jamais lorsque la cloche sonne,
Rêvait dans une allée. Elle comptait ses pas ;
Elle riait au ciel, elle chantait tout bas
En tenant son album toujours collé contre elle,
Et toujours soupirant comme une tourterelle.
Elle arrive au banc vert, et moi sous les lilas
Si touffus pour dormir quand les enfants sont las ;
J'entendais son haleine. Elle priait la Vierge,
Et promettait tout bas de lui brûler un cierge,
Si..... Je n'entendais plus ; je voyais seulement
Ses mains sur son album jointes plus ardemment.
Nous faisions moins de bruit qu'une mouche qui vole.
Enfin, elle reprit tout à coup la parole :
« O mon doux livre blanc, tu compteras mes jours !
Gardien de mon secret, renferme-le toujours ;
Dieu sait que tu contiens le trésor de ma vie ! »
Et je ne voyais rien ! et j'en mourais d'envie !

YOLAINE.

Et moi donc !

VALENTINE.

Un grand bruit passe dans le jardin ;
Anna prend peur, se lève avec un cri soudain :
Le livre s'ouvre, et crac !... je vois ce qui l'enchante.
Ce qui fait qu'elle pleure au moment qu'elle chante.
Ce qui fait qu'elle presse un livre sur son cœur,
Comme s'il renfermait tous les biens de la terre :
Je n'en revenais pas !. . Tu jures de te taire ?

YOLAINE.

Oui ; mais que renfermait son album ?

VALENTINE.

Une fleur !

OBÉLINE. Mademoiselle Marie imposera-t-elle son *veto* au caquetage poétique de madame *Desbordes-Valmore?*

PÉLAGIE. Pareil babil est plus éloquent que le silence d'un sot.

SCÈNE IV.

LES PRÉCÉDENTES, ZÉLIA.

ZÉLIA *entre vivement et de mauvaise humeur; elle parle tout en marchant, avant même de prendre place au milieu des élèves.*

Quel ennui!... Quelle stupidité!... Comprend-on cela? Se morfondre l'esprit des heures entières pour faire parler *la plume et l'épée!*... J'y renonce.

RUSTIQUE. Tu as bien raison... J'aime mieux tailler, greffer, écussonner, que de faire du style à la Sévigné!... Jardiner, voilà mon fort!...

ZÉLIA. L'année dernière on nous avait donné pour improvisation un charmant dialogue : *La Rose et la Violette;* — c'était un sujet gracieux et agréable!... Mais que faire dire à une *plume* et à une *épée?*...

RUSTIQUE. A quoi sert de se mettre l'esprit à l'envers pour faire cancanner une rose avec une violette; ou pour faire disputer une *plume* avec une *épée!*...

YOLAINE. Mademoiselle Rustique qui est si riche, et qui aspire à devenir une grande dame, croit-elle donc que l'on acquiert la science sans se donner de la peine?

RUSTIQUE. Je ne me moque pas mal de la science, pourvu que je sois la mieux mise, la plus élégante et la plus riche du pays.

MARIE. Tais-toi donc, petite sotte!... Si nos maîtresses t'entendaient parler de la sorte, tu serais punie.

RUSTIQUE. Je ne veux plus rester dans un pensionnat où l'on me force à faire parler une *plume* et une *épée.* maman m'a mise en pension pour apprendre la danse et le piano, pour acquérir de jolies manières, et pour faire la grande dame. Cela ne m'amuse pas tous les jours;

mais enfin, je me dis : « Il le faut! » Si j'ai un joli maintien, si je danse bien, si je touche du piano, tout cela fera
de l'effet au pays; aussi je tapote le plus fort que je peux
pour faire beaucoup de bruit. Sans la danse, et sans le
piano, il y a longtemps que j'aurais dit à maman de me
sortir de la pension. J'en sais bien assez pour briller dans
un village!... Quand on est riche, on n'a pas besoin d'être
savante.

MARIE. Qu'en dites-vous, Mesdemoiselles?... N'a-t-il
pas raison, notre bon Lafontaine, de dire :

> Imprudence, babil, et sotte vanité,
>   Et vaine curiosité,
>   Ont ensemble étroit parentage :
>   Ce sont enfants tous d'un lignage.

RUSTIQUE. Encore Lafontaine!... Son nom m'agace les
nerfs!... Il m'ennuie joliment avec ses cigales, ses four-
mis, ses taupes et ses grillons. En voilà une drôle d'idée
de faire parler des animaux!... Et dire qu'il faut se mettre
dans la mémoire tout ce verbiage... de bêtes!... J'aime
beaucoup mieux ratisser les allées de mon jardin.

VALENTINE. Y penses-tu, Rustique? Rabaisser l'intelli-
gence, ce rayon céleste qui reflète en nous l'image d'un
Dieu; cette puissance immortelle qui nous élève jusqu'au séjour des bienheureux ; car, par la pensée, l'âme
vit avec Dieu...

ZÉLIA. Sans la science, et sans les talents, l'homme serait l'égal de la brute.

RUSTIQUE. Les malins de chez nous disent que la
science et les talents sont bons pour les fainéants, pour
les propres-à-rien ; que ce sont des métiers de meurt-de-
faim. Ils disent qu'il vaut beaucoup mieux ne rien savoir
et avoir de l'argent. Avec de l'argent on a de belles robes;
et avec de belles robes, on passe pour être capable. C'est
la plus riche qui a le plus d'esprit.

ZÉLIA. Ma pauvre Rustique, tu raisonnes comme une
chouette.

RUSTIQUE. Et toi comme une alouette!

ZÉLIA. Je préfère chanter comme une alouette que de râler comme une chouette...

RUSTIQUE. L'alouette est une écervelée...

MARIE. C'est bien laid de médire de l'alouette si simplette et si gentillette!

ZÉLIA. A la voir planer entre ciel et terre, ne dirait-on pas un rayon de gloire qui descend des cieux?...

RUSTIQUE. Que me fait à moi la gloire sans argent?... C'est comme si l'on m'offrait un festin magnifique sans bons plats!...

ZÉLIA. De sa voix céleste, l'alouette semble vocaliser ce chant poétique de mademoiselle *Adèle Esquiros*, qui inspire la

FERVEUR

Dans ce monde méchant, je n'ai bu que du fiel,
Et, lassé de souffrir, mon cœur s'élève au ciel;
Sous l'éclat, la grandeur il n'est donc que du vide,
Que du néant, Seigneur, sur cette terre aride!
Adieu donc, ô fortune et futile beauté!
J'ai, dans le sein de Dieu, trouvé l'humilité.

Ne rougissons jamais du trop peu que nous sommes:
Le plus humble de tous fut le plus grand des hommes.
Seigneur, vous l'avez dit : Heureux les insensés,
Heureux ceux qui sont doux, heureux les délaissés!
Que font les beaux discours et le talent suprême?
Qui possède le ciel, c'est celui qui vous aime.
Quand je parlerai bien d'amour, d'éternité,
C'est trop pour mon salut, peu pour ma vanité.

O vous, heureux d'un jour, vous, riches de la terre,
Vous maudirez le sort qui vous fut si prospère;
Vous avez sans remords conservé votre bien,
Vous n'avez rien donné : le ciel ne vous doit rien.
Mais vous tous qui souffrez sur la terre des larmes,
Espérez, car le ciel calmera vos alarmes :
Vous aurez le repos après vos longs combats,
— On réalise ailleurs les rêves d'ici-bas.

SCÈNE V.

LES PRÉCÉDENTES, MAXIME, NOÉMI.

NOÉMI, *avec énergie*. Moi, je soutiens que *la plume* l'emporte sur l'*épée*... Je prends ces demoiselles pour juges de notre différend.

MAXIME, *avec feu*. Moi je prétends que l'*épée* est plus puissante que la *plume !*... La *plume* rampe devant l'*épée*. L'*épée* est la reine du monde.

NOÉMI. Je m'en rapporte à ces demoiselles... Qui de la *plume* ou de l'*épée* a droit à l'immortalité ?... La *plume*, interprète fidèle de la parole, organe indestructible de la pensée, bouleverse les États, domine les esprits, gouverne l'univers. La force de l'*épée* disparaît devant l'influence de la *plume*. C'est la *plume* qui établit les lois, qui rend la justice, qui propage la civilisation. C'est la *plume* qui adoucit les mœurs, qui moralise les peuples, qui pacifie les esprits.

MAXIME. Sans l'*épée* que ferait la *plume ?*... C'est l'*épée* qui maintient l'ordre, qui exécute les lois, qui soutient les États. Si l'*épée* ne pesait pas de tout son poids dans la balance de la justice, la *plume* serait emportée par l'ouragan de la démoralisation. La *plume* tourbillonne dans tous les courants, l'*épée* résiste au torrent.

NOÉMI. L'*épée* est une orgueilleuse qui sacrifie tout à son ambition ; elle détruit ce que la *plume* enfante, et c'est au labeur opiniâtre de la *plume* que l'on doit la réparation des grands coups d'*épée*.

MAXIME. Et les petits coups de *plume*, qui détruisent à la sourdine et dans l'ombre, ne se réparent jamais !... L'*épée* attaque en face et au grand jour, — elle est *sans peur et sans reproche ;* et sa bravoure a un brillant qui séduit et un éclat qui éblouit.

NOÉMI. La *plume*, plus humble et plus modeste, a un charme qui plaît et une grâce qui entraîne. Est-il rien de plus agréable que les *lais* et les fables de Marie de France, cette princesse de la poésie qui illustra le XIIIe siècle ?...

Est-il rien de plus aimable que les vers si gracieux de Clotilde de Surville, qui a fait les délices du XVe siècle?

MAXIME. La *plume* est une bavarde qui parle de tout, qui se mêle de tout, qui voit tout, qui entend tout, qui sait tout, et qui n'avance à rien. L'*épée* est imposante dans son silence. Elle est noble, grande, héroïque dans toutes ses actions. Le Seigneur mit l'*épée* aux mains de l'ange Gabriel pour défendre l'entrée du paradis ; et c'est avec l'*épée* que Judith délivra le peuple de Dieu.

NOÉMI. J'aime beaucoup mieux les conceptions délicates de la *plume*. Quoi de plus mignon que les charmantes poésies d'Anne de la Vigne, l'une des étoiles littéraires du XVIIe siècle?... Quoi de plus noble que les mémoires de madame de Motteville pour servir à l'histoire d'Anne d'Autriche?... Quoi de plus agréable que les œuvres de Madame de La Fayette, dont l'esprit fécond a produit tant d'ouvrages?... Quoi de plus gracieux que les tendres idylles de madame Des Houlières?... N'est-ce pas avec justice que la *plume* s'enorgueillit des productions de l'inimitable madame de Sévigné?... De telles illustrations ne suffisent-elles pas au triomphe de la *plume*?...

RUSTIQUE. Tous ces beaux éloges ne prouvent pas que l'on puisse s'enrichir avec la *plume*; et, d'après un rondeau composé en 1667 par madame *Des Houlières*, il est certain que la *plume* est un triste gagne-pain... Vous rappelez-vous, Mesdemoiselles, ce *rondeau* intitulé :

LE BEL ESPRIT.

Le bel esprit, au siècle de Marot,
Des dons du ciel passait pour le gros lot;
Des grands seigneurs il donnait accointance,
Menait parfois à noble jouissance,
Et, qui plus est, faisait bouillir le pot.

Or est passé ce temps, où d'un bon mot,
Stance ou dixain, on payait son écot;
Plus n'en voyons qui prennent pour finance
Le bel esprit.

le bien et le mal... Elle prône le vice, elle souille la vertu. Elle dit blanc aujourd'hui et noir demain. On l'entend chanter une sempiternelle palinodie. L'*épée* est plus ferme dans ses sympathies, et plus sûre dans son dévouement; elle a pour devise : *Noblesse et Vertu*. Les gloires de la *plume* pâlissent devant les fastes de l'*épée*.

NOÉMI. La *plume*, essence céleste, émanation divine, est tombée de l'aile d'un ange ; elle est la messagère du ciel. Sa beauté, sa gracieuseté, sa légèreté se décèlent dans ses œuvres. Par elle, nous éprouvons les émotions du cœur, les ravissements de l'âme et les extases de l'imagination.

MAXIME. Les triomphes de la *plume* comparés aux victoires de l'*épée* ne sont que glorioles d'enfant ! Les plus belles actions, les plus sublimes dévouements sont dus à l'*épée*. Toutes les illustrations de la *plume* baissent pavillon devant la gloire de l'*épée*.

Honneur et gloire à la comtesse de Montfort , cette femme aux yeux d'aigle et au cœur de lion !... Elle quitta la laine des broderies pour prendre les armes de la guerre; couverte de la cuirasse et du heaume des chevaliers, elle souleva la Bretagne, et défendit courageusement les droits de son mari prisonnier et de son enfant en bas âge.

Honneur et gloire à Jeanne Hachette, l'héroïne de Beauvais !... Elle se mit à la tête des femmes pour défendre la ville, et repoussa l'ennemi avec une valeur extraordinaire.

Honneur et gloire à Jeanne d'Arc, l'illustre héroïne d'Orléans !... Mille *plumes* illustres ne valent pas l'*épée* victorieuse d'une Jeanne d'Arc !.... Devant cette noble et imposante personnification de l'épée, *plume*, courbe la tête, et incline ton front devant la vertu de l'*épée* !...

PÉLAGIE. Quoi qu'on en dise, à toutes les héroïnes du monde, je préfère une Catherine Bernard, dont l'illustration pacifique n'est due qu'à son esprit et à ses talents. Le simple *Placet* que composa Catherine Bernard, pour demander au roi de lui faire toucher sa pension, est à mes yeux un plus beau chef-d'œuvre que de gagner une bataille. Ecoutez, Mesdemoiselles, ce

PLACET A LOUIS XIV.

Sire, deux cents écus sont-ils si nécessaires
Au bonheur de l'Etat, au bien de vos affaires,
Que sans ma pension vous ne puissiez dompter
Les faibles alliés et du Rhin et du Tage?
A vos armes, grand Roi, s'ils peuvent résister;
Si pour vaincre l'effort de leur injuste rage
  Il fallait ces deux cents écus,
  Je ne les demanderais plus.

Ne pouvant aux combats pour vous perdre la vie,
Je voudrais me creuser un illustre tombeau :
Et souffrant une mort d'un genre tout nouveau,
  Mourir de faim pour la patrie.

Sire, sans ce secours tout suivra votre loi,
Et vous pouvez en croire Apollon sur sa foi.
Le sort n'a point pour vous démenti ses oracles,
Ah! puisqu'il vous promet miracles sur miracles,
Faites-moi vivre, et voir tout ce que je prévois.

RUSTIQUE. Encore un *bel esprit* qui mourait de faim!...
C'est bien la peine de tant se débattre pour la *plume*,
chétive pécore, qui conduit droit au mont-de-piété;
et pour l'*épée*, insolente dominatrice, qui conduit en
ligne directe à l'hôpital.... La *plume* est une pitoyable
radoteuse, et l'*épée* une méchante folle!....

OBÉLINE. Mesdemoiselles, pour terminer ce différend,
permettez-moi de vous raconter un épisode poétique
dû à la plume aimée et chérie de mademoiselle *Ernestine
Drouet*. Ce petit *conte d'enfant* a pour titre :

LA GLOIRE ET LE BONHEUR.

(Conte d'enfant).

« Oui, je serai soldat, » criait en s'escrimant
 Un conquérant en herbe, un rose et bel enfant,
« Oui, je veux à vingt ans avoir une épaulette,
« Une épaulette d'or! à vingt-cinq une aigrette,

« Je serai colonel et bientôt général! »
« — Cher petit perroquet, tu ne causes pas mal,
« Mais tu marches bien vite! » interrompit la mère,
« Si tel est ton destin, le sort te soit prospère!
« Mais pour arriver là, mon Fernand, mon enfant,
« Il faut lutter, hélas! en maint combat sanglant;
« Il faut souffrir des coups du sort et de l'envie,
« Endurer la fatigue et prodiguer sa vie....
« — Eh que m'importe à moi, répondit le mutin,
« Je veux être soldat! J'ai fait dès ce matin
« Un chapeau de papier surmonté d'une plume,
« Et je vais au jardin en dépit de mon rhume,
« Sous la neige en boulets foudroyer l'ennemi :
« Je vole de ce pas chez Paul, mon bon ami :
« Je serai le Français ; il sera le Cosaque.
« J'ai mis mon ceinturon autour de ma casaque,
« J'y suspendrai mon sabre et j'irai fièrement
« Coiffé de mon chapeau, puis criant : En avant!
« En avant.... marche ! Allons, soldats, vive la France !
« Aujourd'hui c'est un jeu, mais j'ai bien l'espérance
« De me battre plus tard auprès du vrai drapeau,
« D'entendre le canon : boum ! boum !.. Oh ! que c'est beau!
« — Oui, bien beau ! dit la mère en essuyant ses larmes ;
« Mais songes-tu qu'enfin la carrière des armes
« Offre à qui la parcourt un incessant danger?
« Ah! puissent, mon enfant, tes grands projets changer !
« — Ils ne changeront point, non, car je veux me battre,
« Et sans cesse, et toujours, partout je veux combattre !
« Puis, avec l'épaulette, un jour j'aurai la croix !
« Que tu seras heureuse en écoutant ma voix,
« Lorsque ainsi décoré je te nommerai : mère !
« N'est-ce pas que de moi tu te montreras fière,
« En voyant au soleil mes épaulettes d'or
« Briller et remuer, et puis briller encor?
« — Hélas! mon cher enfant, je ne puis être heureuse
« Te sachant en péril. La fortune est trompeuse,
« Lors même qu'elle donne, il faut la redouter.
« Je passerai les jours à prier, à douter ;
« Et, dans l'ombre des nuits, ma pauvre âme tremblante
« Me fera voir en songe une image sanglante,
« La tienne, mon enfant!!! Puis un songe pareil
« Fera mes jours sans paix et mes nuits sans sommeil.
« — Oh! non, reprit Fernand : chaque belle victoire
« Qui dira ma valeur augmentera ta gloire !

« — Ma gloire!... Hélas! crois-tu, si mon enfant mourait,
« Crois-tu que de sa mort un mot consolerait
« Une mère sans fils?... Non ; la fleur détachée,
« Entraînerait la tige où jadis attachée,
« Sans peine, sans soucis, sans tourments, sans chagrins.
« Voyant, toujours joyeux, luire tous les matins,
« Elle goûtait, heureuse et sans orgueil encore,
« Les rayons du soleil et les pleurs de l'aurore!... »

L'enfant devint rêveur, et ses deux grands yeux bleus.
Tout pensifs et mouillés, se levèrent aux cieux ;
Puis, jetant tout-à-coup son armure enfantine
Et quittant aussitôt son allure mutine :
« Puisqu'avec ton fils seul ton sort peut être doux,
« Pardon, mère! — dit-il — pardon à deux genoux!
« Je renonce à jamais à l'éclat, à la gloire ;
« Je ne veux plus de croix, de drapeau, de victoire!
« Arrosés de mon sang, je les aurais bénis :
« Mais, trempés de tes pleurs!.... mère, je les maudis! »

Une larme d'amour brilla sous sa paupière,
Et Fernand se jeta dans les bras de sa mère.

PÉLAGIE. Bravo! bravo! L'*épée* est vaincue par l'amour
maternel!

SABINE. A l'exemple du petit Fernand, rentrons l'*épée*
dans le fourreau, et proclamons l'empire de la *plume*.

NOÉMI. Pour soutenir l'honneur de la *plume*, je me
permettrai, en son nom, de réciter un modeste

REMERCIMENT

A nos bienveillantes Autorités,

Et à nos très excellents Parents!

*Noémi avance sur la scène et déroule une jolie feuille de
papier, ornée de faveurs bleues et blanches, et elle lit le
compliment.*

Messieurs,

De la *plume* nous voudrions avoir la souplesse, la flexibilité et la grâce!

Avec sa souplesse, — nous présenterions agréablement notre pieuse gratitude à nos autorités bien-aimées, et à toutes les notabilités qui ont bien voulu honorer de leur présence notre solennité scolaire.

Avec sa flexibilité, — nous nous montrerions amicalement les très-humbles servantes de toute cette belle société, qui a bien voulu prendre part à nos joies enfantines.

Avec sa grâce, — nous serions heureuses de formuler gentiment un joli compliment qui ferait la joie de nos familles.

Mais toutes ces qualités ne peuvent s'acquérir qu'avec l'étude. C'est pourquoi nos familles nous confient à nos excellentes maîtresses, qui se font un devoir de former nos cœurs, de façonner nos esprits, d'orner nos intelligences, de meubler nos mémoires, et d'enrichir nos imaginations.

Un jour viendra, grâce au zèle et à l'activité de nos bonnes maîtresses, où, ayant acquis par nos travaux tous les dons de la *plume;* alors, *avec la plume*, nous présenterons humblement

Nos hommages à M. le Maire, à M. le Curé, à toutes les notabilités de la commune.

Puis, nous exprimerons avec cordialité,

A nos Parents et à nos Amis, nos élans enthousiastes d'amour et d'affection.

En attendant que nous ayons tous les dons de la *plume*, nous vous prions, Messieurs, de bien vouloir nous accorder votre aimable indulgence, et vos encouragements flatteurs!

MAXIME *s'avance sur la scène, à la place de Noémi qui rentre dans le rang des élèves.*

Messieurs, l'*épée* réclame ses droits et fait appel à M. le Maire, à qui S. M. l'Empereur a confié l'honneur de l'*épée!..*

Illustre Magistrat, recevez notre hommage,
Animez-nous par vos regards.
Du rang et du pouvoir le plus bel apanage
Est de faire régner les vertus et les arts.*

ALIX *s'avance sur la scène, à la place de Maxime qui
rentre dans le rang des élèves ; elle s'exprime avec timidité.*

N'ayons, messieurs, qu'une âme, un cœur, une existence ;

A l'exemple de l'Empereur, sachons unir la *plume* avec
l'*épée*, c'est-à-dire la bonté avec la force, — la bienveil-
lance avec l'énergie, — la raison avec la vertu ; —
Et, pour témoigner hautement notre amour et notre
dévouement à S. M. l'Empereur, à S. M. l'Impératrice,
et à notre bien-aimé Prince impérial, adoptons ce cri de
ralliement :

A l'union de la plume et de l'épée !

(*Toutes crient en chœur :*)

Vive l'alliance de la plume et de l'épée !!!

* La Serre.

QUI VEUT JOUER
A LA MAITRESSE D'ÉCOLE?

BAGATELLE EN UN ACTE,

Par DE WIK-POTEL.

Personnages.

NELLY, 11 ans.

OLGA, 9 ans.	PHOEDORA, 9 ans.
ROSINE, 8 ans.	SIDONIE, 8 ans.
THÉRÈSE, 7 ans.	URSULE, 7 ans.
VALÉRIE, 6 ans.	YVONNE, 6 ans.
ZOÉ, 5 ans.	ANAIS, 5 ans.

La scène se passe dans une classe.

Au lever du rideau, les élèves sont rangées sur le théâtre, dans l'ordre indiqué ci-dessus. Nelly au milieu. Les 5 élèves à gauche du spectateur sont contre l'étude. Les 5 élèves à droite du spectateur sont pour l'étude.

ANAÏS. Qui veut jouer à la maîtresse d'école?

(Toutes, excepté Olga.) Moi! Moi!

OLGA. J'en ai pardessus les oreilles de votre maîtresse d'école! De la part des élèves, supercheries; de la part des maîtresses, gronderies; voilà toute la farce. C'est passablement niais!

ZOÉ. Laisse donc faire. Sur la maîtresse pour rire on se venge de la maîtresse pour de bon. On la taquine, on la turlupine, on la fait enrager; voilà le plaisir!

YVONNE. Il faut jouer à la maîtresse d'école *pour de bon*; il faut l'aimer et la respecter comme si elle était maîtresse *pour de vrai.*

VALÉRIE. Si nous jouons à la maîtresse d'école, c'est pour lui dire ses vérités ; c'est pour la lutiner, c'est pour la bafouer. Si elle me donne une pichenette, je lui en rendrai deux ; si elle me dit des raisons, je lui en répondrai.

URSULE. Batifoler par plaisanterie est chose permise, mais la moquerie n'est pas de jeu.

THÉRÈSE. C'est assez de se taire quand on a peur d'être grondée, ou bien d'être mise en pénitence ; mais quand c'est pour rire, c'est bien le moins d'avoir son franc parler.

SIDONIE. Oh! les petites perruches, comme elles tatillonnent !

ROSINE. La raison est une bégueule qui nous ennuie. Nous voulons rire ; tant pis pour qui s'en fâchera ! Si la maîtresse fait la grimace, — tant mieux, — c'est amusant ! Si la maîtresse fait la moue, — tant mieux, — c'est drôle ! Si la maîtresse se met en colère, — tant mieux, — c'est récréatif ! On dirait la mère Ragot corrigeant Polichinel ; elle est laide à faire peur, et l'on rit aux éclats.

PHŒDORA. Tu es bien plus laide, toi qui as un mauvais esprit. Tu es aussi vilaine que Polichinel !

NELLY. C'est honteux de disputer ainsi ! Des demoiselles bien élevées doivent être convenables, même dans leurs jeux. Voyons, qui veut jouer à la maîtresse d'école ?

OLGA. Ta proposition est stupide et saugrenue ; autant dire : jouons à l'aveuglette !

ANAÏS. Mesdemoiselles, choisissons la plus raisonnable. J'opine pour Nelly.

ZOÉ. Nelly est trop raisonneuse. Je vote pour Olga !

YVONNE. J'aime beaucoup mieux Nelly. Son caractère sérieux convient au jeu de la raison.

VALÉRIE. A quoi sert de choisir celle-ci ou celle-là ? Prenons une bûche... elle ne nous contrariera en rien ; elle nous laissera faire nos volontés. Nous pourrons rire, chanter, sauter tout à notre aise.

URSULE. Si l'on ne dit que des bêtises, je ne joue plus !

THÉRÈSE. La plus grognon sera la bûche. Je propose Ursule.

SIDONIE. Et les plus taquines seront mises au silence. De cette manière on aura la paix.

ROSINE. Une bûche! une bûche! Nous voulons une bûche, pour lui faire des niches, pour lui rire au nez, pour nous amuser à ses dépens. Qui veut faire la bûche?

PHOEDORA. Se trémousser devant un soliveau; vous appelez cela vous amuser? Beau plaisir, vraiment!

OLGA. A la bûche! à la bûche! Jouons à la bûche!

NELLY. En vérité, mesdemoiselles, on vous prendrait pour des folles. Vous déraisonnez complètement.

ROSINE. Oh! la pie-grièche qui nous querelle.

SIDONIE. Taisez-vous, mesdemoiselles, vous savez bien qu'il est défendu de se disputer.

ZOÉ. Obéir n'est plus de mode.

ANAÏS. Est-ce que les élèves ne sont pas faites pour obéir?

VALÉRIE. De nos jours, les maîtresses sont les très humbles servantes des élèves.

YVONNE. C'est affreux de dire des choses comme celles-là! J'ai lu dans un livre cette belle pensée: « L'obéissance est la robe virginale de la candeur. »

THÉRÈSE. Vieilles sornettes! radotage! Tu parles comme une bisaïeule.

URSULE. Oh! quelle audace! C'est révoltant! Si nos maîtresses vous entendaient parler de la sorte, elles vous puniraient!

ROSINE. En récréation on a le droit de tout dire. Si on m'imposait silence, je parlerais plus fort. — Je connais mes droits.

SIDONIE. Puisqu'il n'y a pas moyen de s'entendre, jouons à la marelle.

OLGA. Encore un jeu bête! On a l'air d'une cigogne qui se brûle les pattes.

PHOEDORA. Si nous perdons notre temps en caquetage,

la récréation sera finie avant même que nous ayons choisi un jeu.

NELLY. Une fois pour toutes, mettons-nous d'accord. Qui veut jouer à la maîtresse d'école?

(*Toutes, excepté Olga.*) Moi! moi!

OLGA. A une condition, c'est que la maîtresse ne dira pas : « Mademoiselle, taisez-vous! » C'est alors que j'enrage de parler. « Mademoiselle, ne riez pas! » C'est alors que je pouffe de rire.

PHŒDORA. Ce n'est pas aux élèves à imposer des conditions.

ROSINE. Alors que la maîtresse d'école nous fasse connaître le règlement.

SIDONIE. Et l'on s'y conformera; sans quoi il n'y a pas de jeu possible. Tout est soumis à une règle.

THÉRÈSE. Est-elle arriérée! Elle veut qu'on nous conduise à la lisière comme des bébés en bourlet!

URSULE. Si notre pauvre raison n'était pas conduite à la lisière, et garantie par le bourlet de l'expérience, à chaque pas elle se heurterait et se briserait.

VALÉRIE. On dit qu'à Paris les petites filles sont plus dégourdies et plus espiègles que nous.

YVONNE. Vous coassez comme des grenouilles qui ne savent ce qu'elles demandent.

ZOÉ. Nous voulons une *éducation à la mode*. A Paris on élève les demoiselles autrement bien qu'en province; et je vais vous raconter comment se passe, dans un pensionnat de Paris, la *Journée d'une pensionnaire*.

VALÉRIE. Silence! Ecoutons bien!

ZOÉ *répète le titre* :

LA JOURNÉE D'UNE PENSIONNAIRE A PARIS.

(CLAIRVILLE)

1

La nuit s'achève,
Je me lève.
Vite, je vais me bichonner;
Ma toilette,
N'est jamais faite,
Avant l'heure du déjeûner.
La cuisine,
N'est pas divine...
Des lentilles, des haricots,

Voilà, mère,
Notre ordinaire...
Ajoutez-y quelques pruneaux.
Pourtant je mange
Et je m'arrange,
A ne travailler de nouveau
Que lorsque m'appelle
Près d'elle,
Ma maîtresse de piano.

2

Je pianote,
Je clapote ;
Cette leçon ne peut lasser,
Et j'y demeure
Jusqu'à l'heure
Où j'attends mon maître à danser
Quand il arrive,
Leste et vive,
Pour étudier tous les pas,
Je m'élance,
Je valse et danse,
Des polkas et des mazurkas.
Après la danse,
En pénitence
Je me fais mettre adroitement,
Pour que la maîtresse
M'y laisse
Deux ou trois heures seulement

3

Au bonnet d'âne,
On me condamne;
Mais je fais, sans me chagriner.
Des papillottes,
Des cocottes,
Jusques à l'heure du dîner.
La cuisine,
N'est pas divine...
Des lentilles, des haricots,
Voilà, mère,
Notre ordinaire...
Ajoutez-y quelques pruneaux.
La cloche sonne
Et l'on s'en donne !

Pendant une heure, presque en
On se raconte   [bloc,
Plus d'un conte,
Et les romans de Paul de Kock.

4

Mais à coudre,
Il faut se résoudre,
Cet ouvrage est bien ennuyant:
D'un air digne,
Je m'y résigne,
Et me console en jacassant.
Moins chagrine,
Alors je dessine,
Et je dessine tout au long,
L'histoire antique,
Sans tunique,
Des Hercule, des Apollon.
Après la classe,
Le gymnase,
Où l'on voit, été comme hiver,
Cinquante belles
Demoiselles,
La tête en bas, les jambes en l'air

5

Mais la journée
Est terminée,
Et l'on a tant à s'occuper,
Que je m'étonne
Lorsqu'on sonne
L'heure où je dois aller souper.
La cuisine,
N'est pas divine...
Des lentilles, des haricots,
Voilà, mère,
Notre ordinaire...
Ajoutez-y quelques pruneaux.
Mais je dévore
Plus encore,
Et je me couche sans avoir
Le temps de lire,
Ni d'écrire,   [soir.
Tout en travaillant jusqu'au

OLGA. Sont-elles heureuses ces petites parisiennes! Voilà comme je comprends l'éducation. Apprendre ce que je veux ; faire ce que je veux ; dire ce que je veux. Mais, ici, dans cette maison, on prend la chose au sérieux ; on nous donne des maîtresses qui veulent nous instruire, qui veulent nous faire faire des progrès, et qui nous grondent du matin au soir.

NELLY. Et, — parce que nos maîtresses sont consciencieuses, parce qu'elles agissent envers nous comme de bonnes mères, — vous vous mutinez, vous critiquez leur vigilance, et vous vous moquez de leurs bons soins.

ZOÉ. Attention! C'est la maîtresse d'école qui pérore ; la sagesse parle par sa bouche.

ANAÏS. Profitons-en, la sagesse conduit au bonheur.

VALÉRIE. Entendez-vous la petite radoteuse qui nous rabache une vieille maxime du temps où les papas croyaient avoir plus d'esprit que les enfants!

THÉRÈSE. Aux Antiquailles les radoteuses! Les vieilles gens sont des ganaches!

URSULE. C'est bien vilain de se moquer des personnes qui se sacrifient pour notre instruction et pour notre bonheur.

ROSINE. Joli bonheur! Six heures de classe et quatre heures d'étude par jour, pour devenir une estimable ganache.

SIDONIE. Mesdemoiselles, de grâce, rappelez-vous ce quatrain du prince Cantemir :

« Cet art de dépriser, toujours si condamnable,
  « Par ses succès est bien souvent trahi :
    « Critique, on est bientôt haï,
    « Railleur, on devient méprisable. »

OLGA. Que l'on supprime la classe de grammaire, que l'on renonce aux exercices littéraires, surtout que l'on abolisse les sempiternelles remontrances ; alors je proclame qu'un pensionnat est un Eldorado enchanteur, un paradis terrestre ravissant!

zoÉ. Moi, je veux une pension où l'on donne au dessert des petites friandises, des meringues glacées, ou bien des babas à la crème de moka.

VALÉRIE. Moi, je veux une pension où l'on se promène en voiture; aller à pieds, c'est petit genre; une pension sans équipage, fi-donc! ce n'est pas supportable.

THÉRÈSE. Moi, je veux une pension où il y ait soirée, bal, réception deux ou trois fois par semaine. J'aime le monde! Je déteste la retraite!

NELLY. Vos trois souhaits me rappellent une poésie charmante, par mademoiselle *Elise Mallerange;* je vais vous la dire. Elle a pour titre :

LES TROIS VŒUX.

Alice ainsi parlait : Je voudrais que ma vie
De concerts et de bals, chaque soir, fût remplie;
Que jamais un chagrin ne me fit murmurer,
Et que mes jours, enfin, se passent sans pleurer.
— Oh moi, disait Aline, il me faut peu de choses :
Je voudrais un beau champ tout parsemé de roses,
De jasmins, de lilas et d'orangers en fleurs ;
C'est là, là seulement que je vois le bonheur.
— Et moi, je voudrais mieux, reprit la jeune Elise.
Je voudrais sur mon front voir se jouer la brise,
Une esclave à genoux me servir en riant,
Un parfum d'Arabie, un tapis d'Orient ;
Dans une coupe d'or, le nectar, l'ambroisie ;
Un chant doux et lointain rempli de poésie,
Et la nuit, respirant sous l'ombrage embaumé,
Voir le regard d'un ange en rayon transformé.
— Elles parlaient ainsi quand arrive une fée,
Dans un char de cristal, et de roses coiffée :
De chaque jeune fille elle accomplit les vœux,
Les baisa sur le front, et monta vers les cieux !
Elle allait consoler ailleurs de jeunes filles,
Ou de pauvres vieillards ou de tristes familles;
Et du nord au couchant, des lambris aux grabats,
La foule bénissait l'empreinte de ses pas.
Elle reçut bientôt des sœurs une prière :
Bonne, elle descendit dans son char de lumière.

Alice dans les bals s'ennuyait à mourir ;
Dans les champs et les prés, Aline allait périr ;
Elise détestait la terre du Prophète,
Les parfums d'Orient lui montaient à la tête.
Elles priaient la fée : et les trois jeunes sœurs
Regrettaient un passé, les yeux baignés de pleurs.
La bonne fée alors leur dit d'une voix tendre :
« Au bonheur, ici-bas, il ne faut point s'attendre.
Il n'est qu'au ciel, enfants, sachez le mériter,
Et par mille vertus il vous faut l'acheter. »

OLGA. Quoi qu'on en dise, la contrainte m'attriste et
m'épouvante ; l'attirail scientifique de l'étude me donne
le frisson ; j'en pleure de rage et de dépit, et ma mauvaise humeur ne se calme qu'en récitant cette poésie sen-
timentale de mademoiselle *Adèle Esquiros*, qui exprime si
bien les regrets de

L'AGE HEUREUX.

Adieu mes jeux d'enfant, mes douces rêveries,
Mon sommeil dans les bois, mes fleurs dans les prairies ;
Adieu ma liberté. La classe aux grands murs gris,
Les longs pupitres noirs, les poudreux manuscrits,
Voilà mon horizon. Dans ma tristesse amère,
Je lis pour m'égayer... mais c'est une grammaire.
Au livre le plus beau je viens de dire adieu ;
Ce livre était les champs, le livre du bon Dieu.
Pauvre enfant, j'oubliai qu'il est bien temps de vivre,
Qu'on vit dans le travail, et non pas dans un livre.
Il me faut pas à pas parcourir, sans tomber,
L'étude, âpre chemin qu'on voudrait enjamber.
La nuit, il faut coucher dans un dortoir morose,
Et, les yeux grands ouverts, avoir la bouche close ;
Le matin grignoter un pain dur et petit,
Qu'on peut assaisonner de son gros appétit.
Ah ! voilà des malheurs ! Quand donc serai-je grande ?
Quand n'aurai-je plus rien qui gronde et qui commande ?
Mais j'y pense ; mon Dieu ! pour comble de souci,
Si tout mon noir chagrin allait grandir aussi !...

ANAÏS. Que c'est donc gentil de réciter de jolis vers !
Moi aussi je veux déclamer une poésie. Papa et maman

seront bien contents quand je leur raconterai ce petit dialogue, par mademoiselle *Sophie Ballyat*, intitulé :

RÉPARTIE GRACIEUSE.

— Oh ! que je voudrais. ma sœur,
Etre aussi grand que mon père,
  Je pourrais être sapeur,
  Avocat, curé, notaire,
Médecin, quel état charmant !
Chacun aime votre visite.
Oh ! que je voudrais vite, vite,
   Devenir grand !

— Moi, je voudrais rester toujours petite ;
Je ne pense pas comme toi.
Veux-tu que je dise pourquoi ?
Je vais te l'expliquer, mon frère,
Pourquoi je veux ainsi rester,
C'est pour pouvoir toujours monter
Sur les genoux de notre bonne mère.

VALÉRIE. Voilà qui est très bien. Plus de mauvaises plaisanteries ! Mieux vaut orner notre mémoire de pensées aimables et riantes. Désormais je veux être aussi sage que la petite Jeanne, dont parle M. *Chervin* dans ses jolies strophes. Oh ! comme papa et maman seront heureux de m'entendre dire :

JE SERAI SAGE !...

Petite Jeanne, un lutin qui babille,
  Que sa maman gâte toujours,
  Nous promet d'être bien gentille,
  D'être bien sage... Beaux discours !

Cette promesse est digne de louange :
  Mais si Jeanne allait la trahir !
  Qu'il serait triste, son bon ange,
  En la voyant désobéir !

Il n'irait plus, ce bon ange qui l'aime,
    Les mains jointes avec ferveur,
    Pour elle à la bonté suprême
    Demander faveur sur faveur.

Morne et cachant son front entre ses ailes,
    Il n'irait plus, tout triomphant,
    Inscrire aux pages éternelles,
    Le doux nom de sa chère enfant.

Rassurons-nous! Jeanne tiendra parole:
    Bon naturel jamais ne ment.
    Elle sera sage à l'école,
    Et même sage constamment.

Et son bon ange et la Vierge si bonne,
    A douze ans, comblant tous ses vœux,
    Tresseront la blanche couronne
    Qui doit orner ses blonds cheveux.

URSULE. C'est bien plus agréable de s'amuser sans se disputer, sans se quereller, et surtout sans dire du mal de personne. Pour nous distraire, je vais réciter un petit conte comique intitulé :

LA DOT.

Certaine chambrière, en voyant venir l'âge,
Pensa qu'il était temps d'entrer en mariage.
Elle obtint vingt écus et le consentement
        De sa jeune maîtresse,
        Qui lui dit en riant :
— Lorsqu'il sera trouvé, l'objet de ta tendresse,
        Tu me le feras voir.
Un mois étant passé, conduit par la suivante
A la dame, humblement, le futur se présente
        Tout habillé de noir.
— Ah! mon Dieu! qu'il est laid! Eh quoi! ma pauvre amie,
A ce monstre tu veux associer ta vie?...
Il est difforme, roux et bancal par-dessus!
        — Hélas! je le regrette,
        Répondit la pauvrette;
Mais quel mari peut-on trouver pour vingt écus?

THÉRÈSE. Eh bien! moi, à tout, je préfère un oiseau, un papillon, une fleur, et, malgré moi, je sautille après une aigrette. Tout ce qui est vif et léger m'anime et m'exalte. Quelle délicatesse aérienne! quelle gentillesse gracieuse dans cette poésie de madame *Desbordes-Valmore*, qui a pour titre :

FRIVOLITÉ.

Ah! je suis inconsolable
D'avoir perdu mon ruban.
Ma chère! il était semblable
Aux rouleaux de mon volant;
Celui-ci, bien qu'adorable,
Regarde, est d'un autre blanc.

La joie est dans notre école,
Mais toujours le bonheur ment;
Tiens, c'est un oiseau qui vole;
Moi, j'irai, Dieu sait comment!
Que ne suis-je un peu frivole,
Au moins pour danser gaîment!

Mais je suis inconsolable
D'avoir perdu mon ruban.
Ma chère! il était semblable
Aux rouleaux de mon volant;
Celui-ci, bien qu'adorable,
Regarde, est d'un autre blanc.

Mise hier comme une fée,
Au bras de mon frère Henri,
D'un coup de vent décoiffée,
J'entre, et chacun pousse un cri:
J'étais tout ébouriffée;
Juge si nous avons ri!

Mais je suis inconsolable
D'avoir perdu mon ruban.
Ma chère! il était semblable

Aux rouleaux de mon volant;
Celui-ci, bien qu'adorable,
Regarde, est d'un autre blanc.

On a bien raison de dire :
Les chagrins sont près de nous.
Pas un cœur qui ne soupire
Du sort méchant et jaloux...
Tu ris... Ne me fais pas rire;
Pourtant ce serait bien doux !

Mais je suis inconsolable
D'avoir perdu mon ruban.
Ma chère, il était semblable
Aux rouleaux de mon volant;
Celui-ci, bien qu'adorable,
Regarde, est d'un autre blanc.

Si j'étais moins désolée,
Nous redirions notre pas;
N'importe, avant l'assemblée,
Chantons et valsons tout bas;
Suis-moi... je suis envolée...
C'est enchanteur, n'est-ce pas?

Mais je suis inconsolable
D'avoir perdu mon ruban.
Ma chère, il était semblable
Aux rouleaux de mon volant;
Celui-ci, bien qu'adorable,
Regarde, est d'un autre blanc.

YVONNE. Y songez-vous, mesdemoiselles, envier une coquetterie, bouder pour un caprice, quel enfantillage! Soyons moins exigeantes, et répétons souvent ces jolis vers de M. *Léon Gozlan*, intitulés :

FUTILITÉ !

Jeunes filles pour qui le temps dore ses ailes,
Duchesses à la mode et reines du salon,
Songez-vous quelquefois à ceux qui vous font belles?
          Non !

          Savez-vous qu'au fond d'une mine,
          Un esclave rampe trois ans
          Pour cueillir les trois diamants
          Etalés sur votre poitrine?

          Savez-vous, belle Lélia,
Que la fleur dont la grâce ajoute à votre grâce,
A pris cent nuits d'un homme, occupé sous la glace
          A chauffer ce camélia?

          Savez-vous que votre chaussure,
          D'un satin si tendre et si doux,
Ce soulier, dont un sylphe aura pris la mesure,
A la main qui le fit fut payé treize sous?...

Savez-vous que la robe au somptueux ramage,
Votre robe en velours, qui jette tant de feu,
Fut brodée à Lyon, au sixième étage,
          Entre un pain noir et du vin bleu?...

Jeunes filles pour qui le temps dore ses ailes,
Duchesses à la mode et reines du salon,
Songez-vous quelquefois à ceux qui vous font belles?
          Non !

SIDONIE. Mes amies, à chacune de nous le ciel a réparti des goûts opposés et des penchants divers ; mais telle route que nous ayons à parcourir, n'oublions pas cette céleste poésie de M. *Emile Barateau*, intitulée :

CE QUI REND LES ANGES JOYEUX.

Ma blonde enfant, toi que j'aime
Viens apprendre, en m'écoutant
Ce qui rend, dans le ciel même,
Ton bon ange plus content.
A chaque mot prends bien garde,
Et tous les anges des cieux,
D'où ta vierge te regarde,
    Seront joyeux !

A l'orphelin de ton âge,
Au vieillard qui dit : J'ai faim !
Sur le champ, crois-moi, partage
Tes plus beaux fruits et ton pain.
On s'enrichit quand on donne !
Et tous les anges des cieux,
Voyant une enfant si bonne,
    Seront joyeux !

Le matin, quand tu te lèves,
Il faut remercier Dieu,
Lui qui fait si doux tes rêves,
Et ton firmament si bleu.
De Dieu chante la louange,
Et tous les anges des cieux,
Qui te prendront pour un ange.
    Seront joyeux !

L'étoile, blanche lumière,
Paraît, et le jour n'est plus.
C'est l'instant de la prière,
On va sonner l'*Angelus*.
Joins vite tes mains, Marie,
Et tous les anges des cieux,
Priant pour l'enfant qui prie,
    Seront joyeux !

ROSINE. Prenez garde, mesdemoiselles, le roucoulement de la colombe est agaçant ; le genre plaintif et sentimental donne sur les nerfs. Pour jouir d'une bonne santé on a besoin d'un grain de folie. Or, pour faire diversion au genre roucoulant et langoureux, je vais vous débiter un petit conte comique par *Capelle* ; il a pour titre :

LE PATER.

Gros-Guillot, bas-normand, ignorant par nature
    Et berger par besoin,
D'apprendre son *Pater* n'avait jamais pris soin.
    — Mais trois fois sotte créature !
    Lui dit un jour son bon curé,
    Aurais-tu donc enfin juré
De ne point prier Dieu? Malheureux ! âme impure!
    Réponds-moi, que dois-je en conclure?
    — Prier Dieu, je l'voulons ben,
    Mais je ne savons pas lire.

   — Je vais t'enseigner un moyen.
   — Ah! jarni, vous n'avez qu'à dire.
   — Il faut donner à tes moutons....
   — Quoi? — Les mots du *Pater* pour noms.
— Oui, monsieur le curai. — Tu conçois mon idée?
— Oh! qu'oui! — Ce grand cornu s'appellera *Pater*;
    Cet autre gros et gras, *Noster*;
Ce tout petit, *Qui es*... Par ces noms-là guidée,
Ta mémoire... — J'entends; rien n'est plus simple qu'ça:
Et pis ma sœur sait lire, elle m'enseignera.
    C'est bon... Au bout de six semaines,
Le curé l'aperçoit conduisant ses moutons.
— Ah! voyons, lui dit-il, puisque tu les ramènes,
Si tu sais ton *Pater*. — Si je l'sais! j' l'espérons.
Allais, monsieur l' curai, ça n'est pas difficile:
J' les appelons si ben qu'on dirait que je lis.
— Voyons. — *Pater? Noster?* — Bien. — *Qui es? In cœlis?*
   Nomen? Tuum? Ad?... — Imbécille!
Et *Sanctificetur?* Ah! jarni, c'est ben vrai;
   J'ons tout not' *Pater* dans la manche;
Mais *Sanctificetur*, mon bon monsieur l' curai,
   Le loup me l'a croquai dimanche.

PHŒDORA. S'amuser de tout est, dit-on, l'indice d'une
àme pure et d'un cœur candide; alors profitons des pri-
vilèges de notre âge. Amusons-nous à réciter une *fantasia*
poétique de mademoiselle *Adèle Esquiros*, intitulée :

ESPIÈGLERIE.

— Mes filles, accourez, je suis fort en colère;
Votre légèreté commence à me déplaire;
Le monde s'en émeut, et le curé, je crois,
En vous voyant passer fait un signe de croix.
Vous, Alix, vous poussez si loin l'espièglerie,
Que nos meilleurs amis se sauvent en furie.
Votre oncle, hier, s'assit sur un fauteuil sans fond;
En partant, sa perruque est restée au plafond;
Sa canne, qui manquait à son maintien austère,
Le força gravement à s'étendre par terre.

— Ma mère, permettez que je rie aux éclats.
Parlez-vous pour de bon ? Ne plus jouer, hélas !
Qui désormais du chat viendra pincer la queue?
Souvent, quand de fureur vous étiez toute bleue,
Par mes niches sans fin vos esprits exaltés,
Je vous vis tout-à-coup vous tenir les côtés.

— Allons, petite folle ! O fille bien aimée,
Voilà que par un mot vous m'avez désarmée.
Je ne sais plus que dire. Après tout, j'avais tort,
Alixe, mon enfant, de vous gronder si fort.
Pourquoi vous assombrir, pourquoi troubler vos fêtes ?
O mes charmants enfants, restez ce que vous êtes ;
A vos jeux innocents je ne dis plus : holà !
Dansez, courez, chantez, mes gracieux démons :
C'est ainsi qu'on vous veut, et que nous vous aimons.
Hélas ! dans quelque temps, enfants, vous serez grandes,
Vous connaitrez le monde, — un pays plein de landes, —
Et vous regretterez comme moi cet instant
Où l'on ne faisait rien, où l'on s'amusait tant.
Enfants, dépêchez-vous : comme un nid d'hirondelles,
L'enfance et ses plaisirs s'en vont à tire d'ailes.
Plus tard, on réfléchit ; oui, plus tard la raison,
Cette hôtesse morose, entre dans la maison.
Par votre gaîté folle il faut la mettre en fuite.
A quoi bon vous gronder? Vous aurez par la suite
Assez de noirs chagrins et de sujets de pleurs.

NELLY. Ainsi, mes chères amies, la conclusion de notre petit débat prouve que nos bonnes et excellentes maitresses, tout en nous formant le cœur et l'esprit, nous ont inspiré l'amour de la science, et le goût de l'étude. Pour rendre hommage aux efforts de nos bien-aimées maitresses, je vais redire ces vers grandioses de M. *Saintine* :

ÉLOGE DE L'ÉTUDE.

Sais-tu qui m'a sauvé des fureurs de l'orage?
L'étude. . . . .
Je ne m'en défends point, quelque temps infidèle.
Je négligeai son culte, et je m'éloignai d'elle.

Mais des erreurs du monde à vingt ans revenu,
J'ai repris ses leçons, j'ai retrouvé ses charmes ;
Sensible à mon retour, elle essuya mes larmes,
Et l'oubli de mes maux fut son premier bienfait.
Sous ses lois, aujourd'hui, paisible, satisfait,
A ses pieds abjurant une folle chimère,
Je voudrais d'un laurier faire hommage à ma mère,
Et toujours favorable à mes plus doux penchants,
L'étude vient s'offrir pour sujet de mes chants.
Ornement du bonheur, soutien de l'infortune,
De l'enfant, du vieillard, nourriture commune,
Pour nous, l'étude ainsi prodiguant ses bienfaits,
Grande par son pouvoir, plus grande en ses effets,
Rend à son nourrisson la nature asservie,
Au-delà du trépas sait prolonger sa vie,
Ennoblit ses travaux, embellit ses loisirs,
Pauvre fait sa richesse, et riche ses plaisirs.

OLGA. Tu as parfaitement raison, Nelly, — l'étude a
ses heures de triomphe, — et je m'unis à vous, mes bien-
aimées compagnes, pour réciter ces vers composés *pour
une Distribution de prix* par M. *Léon Gontier.* Ils ont un
mérite d'à-propos qui plait à notre jeune âge.

C'est le grand jour, où l'œuvre commencée,
Depuis dix mois, joyeuse va finir ;
Où va briller, par notre main tressée,
Sur plus d'un front, la fleur du souvenir.

C'est jour de fête !
Tout cœur épris
Gaiment répète :
Vivent les prix !

(Toutes avec élan et gaîté.) Vivent les prix !

ANAÏS.

Le premier prix, — c'est le prix de lecture,
Applaudissons de tout notre pouvoir.
Par lui, souvent, l'esprit, à l'aventure,
Peut, sans danger, posséder et tout voir.
De mots heureux notre oreille saisie,
Enivre l'âme et pénètre les sens ;

La voix qui parle et prose et poésie
Trouve toujours d'harmonieux accents !

ZOÉ.

Loin du pays, rapide messagère,
De la pensée éclose au sein des nuits,
Par l'écriture, une feuille légère
Porte en secret nos joies et nos ennuis.
L'écho répond même à travers l'espace,
Du malheureux il adoucit l'effroi ;
Pour l'étranger, sur l'aquilon il passe,
Pour le proscrit il vient fléchir la loi.

YVONNE.

Sans la grammaire, à la littérature
Il faudrait dire un adieu sans retour,
Comme un vaisseau sans voile et sans mâture,
Sombrant au loin, avant la fin du jour !
Trésor sans prix, la langue qu'on vénère
Par elle, au moins, ne craint plus l'écolier ;
Qu'elle en impose au goût qui dégénère,
Puisqu'aujourd'hui le laid est familier !

VALÉRIE.

Si du calcul on vante la puissance,
Quand de nos jours il a droit de cité,
Dans tous les lieux où règne la science,
Inclinons-nous devant sa majesté !
Compas en main, l'homme, oubliant la terre,
Suit dans les cieux l'étoile qui s'enfuit ;
De l'Océan il sonde le mystère,
D'un monde éteint il éclaire la nuit !

URSULE.

Des temps passés interrogeant l'histoire,
L'histoire revoit des siècles glorieux :
C'est Alexandre au temple de mémoire,
C'est la glaneuse aux champs de ses aïeux !
Des conquérants il suit la marche altière,
Avec Rachel pleure sur un tombeau,
Et de la nuit secouant la poussière,
A ce foyer rallume son flambeau !

THÉRÈSE.

Dans l'univers que l'œil de Dieu contemple,
Des bords du Gange aux confins du Cédar,
L'humanité partout consacre un temple
Où l'amitié plante son étendard.
Pour chaque peuple il n'est plus de frontière,
Sachons leurs noms, et donnons-leur la main ;
Dans l'étranger nous retrouvons un frère :
C'est un seul Dieu qui fit le genre humain !

SIDONIE.

A l'art d'Apelle, au pinceau de Bramante,
Jeunes essaims, consacrons un couplet.
L'art est divin, la gloire est décevante,
Mais sans l'étude aucun plaisir complet.
Par un beau soir, lorsqu'un frais paysage
Dessine au loin ses contours gracieux,
Sur le papier nous fixons son image,
Faite à souhait pour le plaisir des yeux !

ROSINE.

Il est donné le beau prix de sagesse,
Comme un rayon brillant sur l'avenir,
Il laissera, consacrant sa promesse,
Dans tous les cœurs un bien cher souvenir !
Lorsqu'au matin l'aube naît radieuse,
Lorsque du soir l'étoile au ciel reluit,
De ses parfums l'humble fleur est joyeuse,
Le jour qui vient ressemble au jour qui fuit !

PHŒDORA.

Le prix d'honneur, d'une pure auréole,
Couronne enfin les travaux éclatants ;
Au nom élu qu'on proclame et qui vole
De bouche en bouche, — applaudissons longtemps !

C'est jour de fête !
Tout cœur épris,
Gaîment répète :
Vivent les prix !

(*Toutes avec elan et gaîté.*) Vivent les prix !

OLGA *(avançant sur le bord du théâtre).*

Messieurs,

A notre caquetage, on nous croirait bien mutines ; mais, nous vous en supplions, ne nous jugez pas sur l'apparence.

L'agneau, — sous la peau du loup, — est toujours agneau ; et les enfants de Marie, — démons en paroles, — sont toujours les filles chéries de la bonne Vierge, par leurs actions.

Pourrait-il en être autrement ?

N'avons-nous pas près de nous un pasteur chéri, qui nous abrite contre les fausses maximes du siècle, qui nous gare contre les mauvaises doctrines du monde, et qui nous enseigne nos devoirs envers nos familles ?

N'avons-nous pas près de nous nos bienveillantes maîtresses, — gardiennes zélées de notre inexpérience, — anges de douceur et d'abnégation, qui nous font boire aux sources pures et limpides de la vraie science ?

Nous avons plaidé le faux pour faire ressortir le vrai, et nous sommes heureuses de dire qu'il règne, dans cette pieuse et sainte maison, entente cordiale, aménité réciproque, union parfaite d'actions et de paroles.

De la part des élèves, obéissance et soumission ;

De la part des maîtresses, dévouement et affection.

Puissions-nous, après les vacances, nous trouver toutes réunies dans cet asile de paix et de bonheur !

N. B. Les personnes qui désirent varier le compliment n'ont qu'à se procurer *les Premiers Accents du cœur,* par De Wik Potel. Dans cet ouvrage on trouve des compliments pour les distributions de prix et pour toutes les solennités.

MIRE ISO N° 1

AFNOR 92049 PARIS LA DÉFENSE

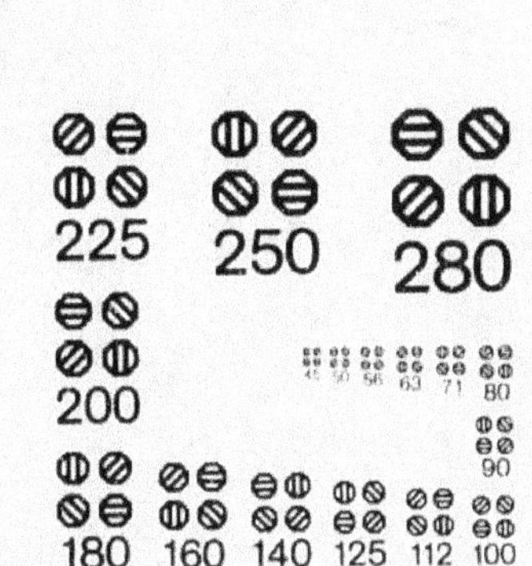

PRODUCTION SCRIPTUM PARIS

en conformité avec NF Z 43-011 et ISO 446:1991